LE SALAIRE UNIVERSEL

Un modèle contemplatif audacieux

Alana Sverenn

LE SALAIRE UNIVERSEL

Un modèle contemplatif audacieux

Les Éditions du Polythéiste

2016

ISBN-10: 1541087879

ISBN-13: 978-1541087873

PRÉLUDE

Les nations industrielles ont organisé à leur gré et avec fort peu de contraintes des mouvements de population. Souvent autoritaires lorsque l'économie, la guerre, la démographie ou l'idéologie le requérait. L'Acte des tisserands en Angleterre illustre ces ordres directionnels donnés aux populations :

En 1555, l'Acte des tisserands interdit de rassembler sous un même toit plus de deux métiers à tisser ; cela revient à considérer que le travail à domicile n'est désormais autorisé que pour l'autoconsommation domestique. Toute la confection destinée au marché doit s'effectuer dans les manufactures. Ensuite, les fameuses lois scélérates punissent de la peine de mort l'errance et le vagabondage sur les chemins et les routes et poussent vers les manufactures tout le petit peuple errant des campagnes. C'est le grand enfermement des temps modernes. (B. Hervieu et F.

Purseigle, *Sociologie des mondes agricoles*, Armand Colin, 2013)

Nous devrions considérer le salaire universel comme une réparation à ces injonctions directionnelles données par les états-nations depuis le début de l'ère industrielle.

Le salaire universel n'est pas aumône mais un nouveau tempo, un modèle plus serein, une nouvelle économie comparable à l'expérience des communautés monastiques professant un idéal de perfection.

POURQUOI DOIT-ON OSER LE SALAIRE UNIVERSEL ?

Les interrogations sur le salaire universel omettent des points essentiels. Ce texte volontairement court retrace le cheminement qui nous conduit à réclamer de l'audace. La même audace qu'eurent antan d'autres modèles de l'économie contemplative. Car le salaire universel n'est pas une économie oisive mais contemplative. Les couvents de Mendiants n'étaient pas oisifs :

> Les couvents de Mendiants à Liège, à la lisière de la France et de l'Empire, sont au centre de nombreux courants commerciaux, culturels ainsi que spirituels. Quatre couvents, stricto sensu, font de cette cité, selon les hypothèses controversées de Jacques Le Goff, une ville importante.(Paul Bertand, *Économie conventuelle, gestion de l'écrit et spiritualité à Liège 13e -15e s.*in *Économie et Religion, L'expérience des ordres mendiants,*

Presses Universitaires de Lyon, 2009)

L'expérience contemplative a crée une véritable économie religieuse trop rapidement disqualifiée. Les nouveaux modèles économiques ne sont ni bons, ni mauvais. Ils correspondent à des rêves collectifs, à un besoin d'expérimenter autre chose. Ainsi, les rêves éveillés, sont une fabuleuse source imaginale qui fait basculer l'organisation sociétale. Ce basculement qui en donnant de l'espoir et en ouvrant de nouveaux possibles va faire rayonner le réel autrement, est un facteur incontestable de progrès à condition que l'on examine attentivement toutes les pièces du scénario. Mais le propre des rêves collectifs est de façonner l'imaginaire des rêveurs avec des scénarios incomplets qu'il faut repenser.

Partons des rêves des années 1960. Les magazines débordent d'images futuristes. Les architectes conçoivent des habitats lunaires et martiens, des entreprises, des soucoupes accrochées à des fils de téléphérique traversent sans embouteillages les villes. L'air est bleu. Léger et limpide. Les plus prudents prévoyaient qu'il faudrait une trentaine d'années pour construire ces nouvelles résidences galactiques. Lorsque nous avons rêvé d'automates non plus pour nous divertir mais en espérant nous délester de toutes les tâches pénibles pour gagner du temps libre, nous avons omis de penser les faiblesses et les points forts de ces automates modernes. Leur faiblesse est une omniscience partielle, aveugle et leur force une efficacité mécanique qui rend un grand nombre d'individus obsolètes. Parce que nous n'avons su ni anticiper ni examiner les tenants et les aboutissants de ce scénario machinique hyperactif, nous devrons tôt ou tard recourir à un antidote chargé de réguler cet impensé.

Le salaire universel est cet antidote régulateur. Le salaire universel n'est pas une aumône mais un outil pour réparer une machine qui s'est emballée. Un outil pour changer de paradigme.

Mais le salaire universel est surtout l'aboutissement d'un rêve collectif impensé et programmé à partir des années 1960, lorsque l'humanité a intensément imaginé une vie fusionnelle avec des robots ménagers, un habitat et des usines extraterrestres construites en parcourant l'espace à la recherche d'aventures galactiques. Quelques années plus tard, les rêves et l'impensé avaient cheminé chacun à leur gré : les robots s'imposèrent moins agiles, plus effacés et triviaux que prévu jusqu'à devenir bruyants, bardés de tonalités stridentes, de rayons lumineux qui agacent et alors que nous avions rêvé qu'ils travailleraient à notre place, nous ne leur cédons plus de bon gré nos emplois.

Pourtant l'imaginal projeté avec enthousiasme d'un commun accord n'est jamais une fantaisie. C'est l'expression d'une conscience collective dont les projections ont une valeur créative et anticipative considérable. Ces rêves galactiques ont abouti au développement de l'ère digitale. L'humanité plongée dans les écrans regarde son rêve. Le sacré fait vieille mine face aux nouveaux fétiches qui ne seront jamais ni vénérés ni mis au repos comme le font les indiens pendant la fête d'Ayudha Puja, ce jour dédié au « culte des outils » parce que nos robots et nos outils absorbent et représentent le sacré. L'Inde peut rendre un culte aux outils parce que leurs outils n'incarnent pas le sacré. Leur sacralité est identifiée et mesurée. Une mise à distance prudente perdue dans la culture occidentale qui en développant depuis l'ère industrielle un système économique en marge du sacré, a sacralisé le système machinique.

C'est de ce transfert de sacralité que naît l'idée de salaire universel. Il ne peut y avoir transfert que là où il y a absence. Il ne peut y avoir sacralisation d'un système machinique que lorsqu'on n'a plus de sacré. Mais que signifie l'absence d'un sacré que nous considérons désuet ? Le sacré est l'espace du souffle. L'avons-nous déjà oublié ? L'absence de sacré produit un essoufflement collectif. Le salaire universel est une demande collective d'individus essoufflés qui doivent reprendre leur souffle.

Dès ses débuts, le matérialisme industriel a disqualifié la fonction contemplative. Il n'a vu dans le sacré qu'un imaginaire religieux inopérant alors même que ce dernier est à l'origine du patrimoine matériel et immatériel de plusieurs civilisations qui n'ont cessé de léguer des héritages éblouissants depuis sept mille ans et plus.

Les-consciences-que-nous-ne-connaissons-pas leur avaient expliqué pourquoi le meilleur indicateur d'une société bien gérée était une journée de travail de tout au plus quatre heures. Au-delà, il y avait perte d'efficacité, manque d'attention et fatigue. Mais les moralistes n'ont jamais accepté la fin de l'esclavage. Ils sont encore très nombreux ; le rapport de l'Inspection Générale des Affaires Sociales de 2016 qui tentait une réhabilitation des réductions du temps de travail dans la lutte contre le chômage, a été occulté. Alors même que le marché de l'emploi tel qu'il a été conçu n'a besoin que d'un tiers des actifs, les moralistes partent de présupposés moraux et idéologiques sur les bienfaits du travail en omettant de mesurer les conséquences stimulantes et heureuses induites par la mise au point de nouveaux paramètres.

Ce ne sont pas les présupposés concernant la faisabilité d'un salaire universel qui doivent retenir notre attention. Ce qui doit retenir notre attention, c'est la volonté de faire évoluer un modèle industriel dépassé qui ne génère plus d'espoir. Tous les scénarios ont une fin. Celui de la surproduction vit ses dernières heures. Nous ne pouvons pas avancer sereinement sur une scène où tous les paramètres sont désaccordés. Le salaire universel est une opportunité pour remettre tous les compteurs à zéro et créer un espace économique contemplatif qui nous permettra de réaccorder la vie humaine à la vie machinique. Pourquoi ne pas essayer de retourner le script politique et économique de l'ère industrielle ? Un scénario de croissance équilibrée, régulée par une évolution de la conscience n'est pas une utopie, c'est une nécessité.

Ce qui a manqué aux Indignés, c'est une réflexion contemplative. En attendant, ils ont su exprimer un malaise et l'effondrement d'un modèle qui met en péril tous les écosystèmes terrestres et les équilibres sociétaux. Dans un monde où l'emploi est constitutif d'un ordre social, la dimension contemplative amène à inventer un autre rapport au travail.

C'est en réintégrant cette dimension contemplative, plus inspiratrice et subtile, farouchement opposée à l'esclavage sous toutes ses formes, qu'émergeront de nouvelles activités professionnelles et de nouveaux rapports à l'économie.

En attendant, réclamons des statistiques limpides qui substitueront le nombre de chômeurs par le nombre d'emplois crées et à pourvoir. Le rite médiatique mensuel qui annonce en boucle des statistiques politiquement acceptables qui omettent des demandeurs d'emploi radiés contre leur gré par l'administration et celles épuisées par la recherche d'emplois inexistants, brouille les faits et entrave la compréhension du réel. Ni les faibles ni les forts ne poussent plus la porte d'une institution qui passe plus de temps à radier les inscrits pour défaut d'actualisation routinière, qu'à imaginer les formes futures d'occupation sociale.

A qui donc pouvons-nous demander de remettre de l'ordre dans les statistiques citoyennes ? Pourquoi ne pas recourir aux professionnels du « fact checking » ? Les médias semblent les mieux à même de créer des plateformes de statistiques citoyennes vérifiées. Ces statistiques vérifiées tout en redonnant une valeur qualitative et citoyenne aux médias, permettraient une compréhension plus exacte de la réalité. Les citoyens devraient exiger des instruments de mesure inaltérables et représentatifs de leur vécu. Ce n'est pas aux institutions de décréter qui est demandeur d'emploi et qui ne l'est pas mais aux individus sans emploi, de construire une représentation fiable de leur réalité.

Toute entrave politique à l'analyse du réel, devrait être très fortement sanctionnée. Nos nations admonestent certains sportifs dopés mais participent au dopage des chiffres. Trop d'institutions politiques et médiatiques se sont habituées à effacer d'un trait de plume les faits réels, avec l'assentiment de tous. La fabrication et la propagation désormais courante de résultats comptables et de statistiques améliorés est un transfert d'efficacité. Nous substituons le manque d'efficacité de l'économie réelle par une croyance destructrice, celle d'un embellissement des chiffres. Cet embellissement ne relève pas seulement d'une beauté des chiffres où l'art du maquillage devient comme pour toute beauté maquillée, acceptable. Cette métamorphose esthétisante est un témoin de notre expression culturelle, un témoin de nos cérémonies rituelles séculières. Les institutions séculières jouent avec cette beauté maquillée pour redonner espoir aux peuples. Les croyances politiques et économiques ont prit le relais des masques de jadis. Or les transferts de sacralité écrasent toujours le réel. Le danger des croyances ne réside pas dans leur contenu. Le danger des croyances réside dans leur volonté de dominer le réel. Le manque de volonté politique d'analyser et d'éclairer les fonctions sociétales en souffrance qui crée le découragement et le sentiment de crise.

Que faire lorsqu'on a divinisé une fonction comme nous l'avons fait avec la fonction « travail » et que l'idole se fracture ? Sommes-nous prêts à examiner nos idoles ?

Face à ce transfert de sacralité qui n'a cessé de fausser l'analyse des fondements de l'emploi salarié, le salaire universel apparaît comme un véritable contrepoids. Alors qu'il n'est envisagé que dans son aspect le plus rustique, celui d'un revenu minimum, son véritable enjeu est de faire Œuvre Contemplative. L'œil contemplatif, celui qui surplombe le monde, a pour fonction ultime d'inverser le regard. C'est cette inversion du regard qui est importante et qui permet d'imaginer un nouveau modèle sociétal qui concurrence le modèle libéral, un modèle hyperactif et dominant qui, il faut le rappeler, tout en imposant une idéologie de la concurrence, écarte l'idée même d'un modèle concurrent. Le modèle libéral s'est imposé comme un modèle totalisant avec une emprise territoriale illimitée. Le monde lui appartient ce qui exclu de facto la possibilité même d'imaginer d'autres modèles. Ce modèle vit néanmoins directement sur les fondations du modèle chrétien qui a quelque chose à nous dire.

La civilisation chrétienne s'est développée en s'appuyant sur les revenus d'un « salaire contemplatif » chrétien. Et c'est bien cette œuvre contemplative qui a produit un patrimoine qui attire encore aujourd'hui en France, plus de visiteurs que les musées américains les plus visités. La création puis le legs de ce patrimoine matériel et immatériel sacré n'est pourtant ni reconnu, ni évalué par les institutions séculières. Les indiens ont disparu sous l'emprise des mêmes contraintes matérialistes ce qui n'empêche pas les nations concernées par l'anéantissement de la culture amérindienne de s'enorgueillir de cet héritage. L'aéroport de Denver accueille le visiteur avec une succession de portraits d'indiens alors même que dès 1849, la ruée vers l'or avait conduit à une élimination systématique des tribus indiennes. Nicolas Adell dans *l'Anthropologie des savoirs* (2011) retrace l'histoire d'Ishi, le dernier indien yahi. Les mythes et le savoir faire yahi n'étaient pas dysfonctionnels. D'autres mythes totalisants ont simplement éliminé le savoir faire et l'histoire yahi comme ils ont progressivement éliminé la vie contemplative en occident. Le danger du libéralisme est cet encerclement de l'imaginaire et du réel. Le salaire universel est l'occasion de briser cet encerclement pour créer un nouveau script conçu par les modèles contemplatifs.

Pour cela, le chiffrage du salaire universel doit prendre en compte l'ensemble des avantages émanant du rééquilibrage de l'activité productiviste, des écosystèmes et des valeurs contemplatives. Pour décrire la première guerre mondiale, Anatole France avait dit : « On croit se battre pour la patrie mais on se bat pour l'industrie ». Le temps de se battre pour une industrie qui dévaste les paysages, la santé et qui a imaginé creuser des plaines et des rivières avec des bombes nucléaires doit être régulé. La première guerre mondiale avec ses 10 millions de morts militaires et autant de civils, sans compter les blessés et les mutilés physique et mentaux, ces 4 millions de Gueules cassées et d'estropiés à qui la guerre avait fait perdre la raison, ont été les témoins d'un carnage industriel qui a mis le monde à feu et à sang. Charlie Chaplin l'avait révélé avec les Temps

Modernes : face à l'industrie, les hommes ne comptent plus. Nous avons oublié que nous sommes une communauté humaine et que notre plus grande richesse ne réside pas dans notre capacité à accumuler des artefacts mais à créer des schèmes pacifiques mus par la volonté d'une véritable ascension de la conscience et d'un respect de tous les écosystèmes.

Dans une économie où le travail a perdu son sens initial, pourquoi exiger aux individus de se frayer un chemin dans des nations robotisées qui n'ont plus besoin de vies humaines mais d'impôts ? Qu'attends-t-on du travail et de la performance après avoir rêvé que les robots nous libéreraient ? Les robots pourraient dès à présent nous libérer si nous étions prêts à célébrer cette libération. Et c'est de cette célébration que naîtraient une foule de nouvelles activités humaines. Le monde a besoin d'une scène nouvelle. La mondialisation a consisté à faire tourner des objets redondants autour de la planète. Cette valse d'objets et d'hommes « où tout doit bouger » n'est que la fin du scénario industriel dont les débuts obligèrent les individus à quitter leurs champs et leurs ateliers pour les usines. Après deux guerres mondiales, le scénario a évolué sous d'autres formes avec d'autres mots. Nous sommes passés de « l'esclavage » au « libéralisme » et de la « décolonisation » à la « mondialisation » mais les schèmes psychiques demeurent identiques.

« Un espace où tout doit bouger » : Cybèle aurait pu trouver la définition d'Europe que lui avait donnée le député européen intéressante ou ludique, si toutes les pièces du puzzle avaient été soumises aux mêmes lois. Mais alors même que les jeux de société ont toujours rappelé que l'on ne peut pas jouer ensemble sans suivre des règles communes, les nations et les entreprises européennes jouent au même jeu avec des règlements disparates. Ainsi dans ce cadre dérégulé et martial où l'Europe a ignoré la nécessité d'une réglementation homogène que les enfants et les adultes apprennent en jouant, le salaire universel apparaît comme une formidable chance pour unifier les règles du jeu et redonner des chances équivalentes et pacifiques à 99 % de la population.

Elles pensèrent aux agriculteurs. À un salaire universel vert pour les exploitations bio. Un agriculteur originaire de Gap, venait de leur raconter que les collectivités locales taxaient de plus en plus les hangars et les constructions agricoles alors même que ces grands bâtiments coûteux ne sont que des outils indispensables à la production. La taxation déraisonnable de la terre agricole et des bâtiments l'avait obligé à déplacer sa ferme sur une commune plus rurale, mais continua-t-il à leur expliquer, tous les agriculteurs ne peuvent pas envisager un déplacement et subissent une véritable pression qui met en péril leurs fermes. Cet exemple parmi d'autres illustrait encore une fois à quel point ceux qui nous gouvernent ne pensent ni aux personnes qui travaillent ni aux conditions du faire mais au montant des impôts qu'ils décident de collecter sans le consentement des parties concernées. L'historien et diplomate médiéval Ibn Khaldun a longuement décrit ce dépouillement cyclique et inexorable des populations rurales par le pouvoir urbain. Lorsque les systèmes productifs sont remplacés par une industrie des prélèvements, les prélèvements sont pérennes mais les activités humaines meurent.

Dans la bible, Élysée doit abandonner le travail de labour pour devenir prophète. Les capacités contemplatives et les capacités de production s'opposent souvent mais peuvent aussi être à l'équilibre lorsqu'on intègre volontairement les deux pôles. Le salaire universel présente cette tentative d'accordance entre les capacités contemplatives et les capacités de production. Le salaire universel n'est pas une aumône de subsistance. Son objectif principal, la transformation du scénario industriel et libéral doit considérer l'ensemble des gains générés par la diminution des maladies résultant de la maltraitance et du mal-être au travail, des dépenses de carburant nécessaire aux déplacements des salariés et d'énergie nécessaire au chauffage et au fonctionnement des bureaux, de la pollution de l'air engendrée par ces déplacements massifs et récurrents, de la destruction des espaces agricoles, de la délinquance et de l'engorgement des tribunaux. En Suède la semaine de 30 heures a fait baisser rapidement le nombre d'arrêt maladie de 20 %. Le bien-être et le bonheur des salariés les a rendus plus efficaces et a permis de maintenir un niveau égal de productivité entre la semaine de 30 heures et celle de 40 heures. Le salaire universel met non seulement un terme à l'ère industrielle et à la souffrance engendrée ses schèmes mais permet surtout de répondre à des questions sociétales essentielles : comment évolue la conscience collective lorsque la subsistance cesse d'être un élément moteur ? Ou quelle est l'évolution de la délinquance lorsque l'insertion matérielle est facilitée ?

La réponse à ces questions, fait du salaire universel un outil expérimental qui permettrait de combattre la délinquance non par l'enfermement mais par la suppression de ce salaire universel. Celui-ci deviendrait dès lors, non seulement un instrument de mesure fiable et permanent mais un modèle sociétal extraordinairement innovant et rentable qui remplacerait les budgets des administrations qui gèrent la santé, la justice, le transport, les faillites et l'emploi. La société ne tarderait pas à constater qu'il est infiniment plus rentable de libérer les énergies vives de la nation en créant un scénario protecteur plutôt que de poursuivre le développement toujours plus coûteux d'un scénario de plus en plus chaotique, enrayé par des mécanismes appartenant à un autre temps.

Certaines anecdotes nous rappellent la violence qu'à supposé la normativité du salariat pour des individus habitués à travailler uniquement lorsqu'ils en avaient besoin. Siegfried Wolinski mourut d'une balle tirée par un ouvrier italien qui demandait à être réintégré après avoir été licencié. En régulant la salariat, les nouvelles lois de 1936 obligèrent les entrepreneurs à faire des choix limités en nombre. L'accès à un marché de l'emploi de plus en plus normé est progressivement devenu de plus en plus difficile. Le salaire universel a pour vocation de créer de nouveaux flux. En coupant les chaînes du passé et les flux unidirectionnels salarié-entreprise, cette rémunération universelle nous oblige à concevoir et à créer d'autres futurs plus ouverts et diversifiés. C'est la nouvelle tâche des États.

En attendant un nouveau scénario, les gens se prennent à rêver de catastrophes qui viendraient renverser et réarranger le monde que nous sommes incapables de réparer. Les transferts planétaires ont prit le relais des transferts de sacralité. La conquête spatiale octroie un pouvoir régénérateur au cataclysme. Alors que Cosima achetait des fruits dans un supermarché et dépouillaient les bananes bio de leur papier cristal, le caissier lui assura : « Moi je ne suis pas du tout écolo, si l'on détruit cette planète je sais que l'on ira ailleurs ». De plus en plus de personnes attendent raisonnablement ou de manière totalement irraisonnée de partir. Elles se demandèrent si c'était le début d'un temps extraterrestre ou de la paresse. Les imaginaires ne conçoivent plus que des machines qui s'emballent, déraillent et cassent.

L'inaptitude des machines à fonctionner sur un temps long, devrait obliger l'humanité à abandonner la Terre en laissant tout en plan. Un départ précipité ou un sauve qui peut. Pendant que les femmes rêvent encore d'enfanter des générations galactiques qui viendront sauver le monde, les hommes rêvent à nouveau d'êtres des pionniers. Nous ne sautons plus de train en train mais de planète en planète. Nous voyons la Terre de loin et le mouvement migratoire nous donne l'illusion de pouvoir résoudre ailleurs ce que nous n'avons pas su résoudre ici. Serions-nous devenus une constellation d'étoiles lumineuses ou une confédération de robots immortels ?

LES CASSEUSES DE SUCRE

Ce texte de Séverine, née Caroline Rémy (1855-1929), est non seulement un rappel des conditions de travail dont elle a été le témoin, mais un hommage au journalisme de terrain si différent des dépêches rédupliquéees des agences de presse.

LES CASSEUSES DE SUCRE

————— —————

(NOTES D'UNE GRÉVISTE)

··· ————

Pour François Coppée.

Être gréviste sans avoir été ouvrière peut sembler, au premier abord, assez paradoxal. Mais si je n'ai pas tâté de l'usine, tout au moins un jour, c'est la faute aux patrons qui, avant-hier, n'ont point embauché.

Je voulais savoir, techniquement, l'origine et le but de cette grève ; connaître, par expérience plutôt que par ouï-dire, les âpretés, les tristesses de ce métier dont le nom a égayé Paris ; me rendre compte, enfin, de la somme de volonté, d'endurance, de fatigue, qu'est tenue de fournir une créature pour arriver à gagner juste de quoi ne pas mourir — et recommencer le lendemain!

Aller là-bas en « dame », fût-ce en amie, carnet et crayon au poing, reporteresse parmi les reporters, c'était m'exposer à en savoir peut-être moins qu'eux ; en tout cas, à n'en pouvoir faire davantage, à demeurer parquée dans le même cercle d'évolution, dans le même ordre d'idées.

La besogne de journaliste est, malheureusement, besogne officielle, en pareille occurrence; ce qui, sans diminuer son intérêt, la frappe souvent de stérilité. Quel que soit le rang de l'informateur dans la hiérarchie professionnelle, il est connu, obligé de se faire connaître — d'où, infériorité. Les deux parties adverses ne lui disent que ce qu'il leur plaît de lui dire; ne lui laissent voir que ce qu'il leur plaît de lui laisser voir.

Tandis que l'idéal serait de passer ignoré, anonyme, si semblable à tous que nul ne vous soupçonnât; si mêlé à la foule, si près de son cœur qu'on le sentît vraiment battre, rien qu'à poser la main sur sa propre poitrine … flot incorporé dans l'Océan, haleine confondue dans le grand souffle humain!

Pour les questions de travail, surtout, cela me paraît utile. Décrire la vie ouvrière ne suffit pas — il faut la vivre, pour en bien apprécier toute l'injustice et toute l'horreur. Alors, on sait ce dont on parle ; on est vraiment l'écho de ce qu'on a entendu, le reflet de ce qu'on a vu ; on s'imprègne jusqu'aux moelles de pitié et de révolte !

Faire « de chic », avec la meilleure volonté, le plus beau talent du monde, ne donnera jamais l'impression de sincérité qu'obtient parfois un être inculte, reproduisant barbarement ce dont il fut témoin ou acteur.

Et il n'est pas besoin de consacrer des années, des mois, des semaines, à cette étude, à ce voisinage, à cette épreuve, du moment qu'il n'est point question d'étudier les finesses du métier, d'y devenir apte à conquérir son salaire — ou de catéchiser, comme en Russie, des âmes ignorantes.

Nos ouvriers savent penser sans guide : et les iniquités

dont ils pâtissent sont tellement évidentes (et, hélas, si monotones) que quelques heures suffisent, pour qui sait regarder et entendre, à les enregistrer.

C'est cela que j'ai fait. Presque une journée, mêlée à ces pauvres filles, vêtue comme elles, j'ai erré sous l'œil des sergots devant l'usine déserte, dans la camaraderie morne de l'inhabituelle oisiveté. Je me suis arrêtée à leurs étapes ; j'ai entendu leurs doléances librement formulées ; j'ai pénétré dans les usines, vu fonctionner le travail de celles qui s'étaient soumises — ayant trop d'enfants ou trop faim ! — et c'est pourquoi je puis aujourd'hui vous dire, en toute connaissance, ce qu'est cette grève, et combien elle mérite d'intérêt et de sympathie.

⁎

Tout d'abord, le terme est impropre : ce n'est pas « casseuse » qu'il faudrait dire, mais « rangeuse, » car la tâche consiste à étager, dans des cartons ou des caisses, le sucre coupé en morceaux plus ou moins forts, selon le numéro. Ainsi, le sucre des cafés est du 50, tandis que le *bis,* équarri en cube, est réservé spécialement à l'usage du Midi. Seul, le déchet, poudre et éclats, se vend au poids, ne s'aligne point.

Seulement, ce mot de casseuse est justifié par ceci que l'établi auquel elles travaillent s'appelle « cassoir, » le pain y arrivant entier pour y être débité. Il passe d'abord à côté, par les mains du « scieur », qui le coupe perpendiculairement, absolument comme un radis noir, en rondelles plus ou moins épaisses, suivant la longueur du morceau destiné à la consommation. Ces tranches sont alors placées dans la « lingoteuse » sise à l'une des extrémités, à la tête du cassoir, et qui, ainsi que son nom l'indique, sépare chacune en huit bandes, en huit lingots. Les. « bagues », c'est-à-dire les hachoirs de la lingoteuse, sont également plus ou moins rapprochées selon le numéro du sucre.

Ici intervient l'action de l'ouvrière. La « tireuse » enlève les lingots de l'appareil ; la « pousseuse » les installe en rangées sur la partie du cassoir située entre la lingoteuse et l'espèce de mâchoire, de guillotine double, couteau en l'air, couteau en bas, qui, au passage, va détailler les lingots en morceaux. Au delà sont les « rangeuses ».

Car tout ceci est mobile ; une chaîne passant par-dessus une roue, comme les courroies de transmission, pousse sans cesse le travail, de la machine aux femmes, ne laissant à celles-ci pas une minute de trêve.

Afin de comprendre ce qu'est le cassoir, il faut imaginer une grande table très longue, large d'un mètre environ, et rayée parallèlement, comme une portée de musique en relief pour aveugles. C'est entre ces rails que le sucre va défiler — lingot au delà des couteaux, morceaux en deçà — que les six rangeuses, d'un mouvement continu, incessant, mécanique lui aussi, saisissent une file, se retournent, la déposent dans la caisse ou le carton placé derrière elles sur une sorte de banquette de bois ; voltent, recommencent encore, toujours, éternellement, de sept heures du matin à six heures du soir, sans jamais s'arrêter, sans jamais se reposer, *sans jamais s'asseoir*, sauf dix minutes pour la collation et une heure pour le déjeuner.

Par exemple, elles circulent. Quand leur boîte est remplie, il la faut porter aux bascules, situées, chez M. Sommier par exemple, à vingt ou vingt-cinq mètres de là. La moyenne quotidienne des voyages est de quarante. Des femmes enceintes, des fillettes portent jusqu'à mille kilos. Beaucoup sont blessées ; les plus robustes

4.

perdent environ deux ou trois jours par quinzaine, par
suite de malaises, exténuées, fourbues, les flancs endo-
loris, atteintes dans leur maternité ou leur puberté.

.·.

Je ne parle là que de l'effort, car il faut lire, comme je
viens de le faire, dans les bouquins médicaux, pour savoir
quelles maladies sont inhérentes à ce funeste état.

Elles n'ont plus d'ongles, elles n'ont plus de dents :
les uns usés jusqu'à la chair par le maniement du sucre ;
les autres écaillées, perdues, effritées par les poussières
qui s'en dégagent — ces poussières qui leur brûlent les
paupières, le gosier ; qui leur éraillent la voix ; déter-
minent les gastrites, la tuberculose — la souffrance
toujours, la mort bientôt !

Ce qu'elles gagnent ?... Elles gagnaient 60 centimes
par 100 kilos, c'est-à-dire, quel que fût le courage, de
3 fr. 25 à 4 fr. par jour. On est venu leur dire, il y a
presque une quinzaine : « Vous n'aurez plus que 50 centimes par 100 kilos. La concurrence est trop forte ; c'est
à prendre ou à laisser. »

Elles ont laissé ; elles sont parties, préférant crever
tout à fait de faim, et vite, que d'en lentement mourir.
Car cela les réduisait de dix sous par jour — et vous
rendez-vous compte de ce que c'est que dix sous, par
jour, dans un ménage ouvrier ?

Elles ont essayé de la grève générale. Les ouvrières
des maisons Lebaudy, Lucas, François, ont d'abord suivi
le mouvement parti de la raffinerie Sommier. Puis elles
se sont lassées... sont rentrées. Seuls, même, les tra-
vailleurs, hommes et femmes, de chez Lucas, sacri-
fient 15 centimes par jour pour venir en aide aux grévistes de chez Sommier. Mais ils sont moins de vingt —
et les grévistes plus de cent quarante !

Table des Matières